SC[illegible] SCHILDER

Gut gemeint geht auch daneben

echomedia
BUCHVERLAG

vorwort

Ja eh: Dieses Buch gibt es schon. Genauer gesagt: Bücher wie dieses gibt es bereits. Dutzende. Hunderte. Vermutlich Tausende. Aus allen Gegenden der Welt. In jeder Sprache. Und über jede Sprache – oder das, was Menschen, die versuchen, mit anderen zu kommunizieren, für Sprache halten.

Manche dieser Bücher versammeln einfach Fundstücke, auf die ihre „Entdecker" im Alltag gestoßen sind. Andere Bücher sind spezieller: Manchmal wird ausschließlich aus Speisekarten zitiert. Oder aus Betriebs- und Montageanleitungen. Oder man sucht nach „Böcken", die diverse automatische Übersetzungs-Tools geschossen haben.

Dieses Büchlein kann und will nicht anders oder besser als andere dieser Gattung sein. Es ist auch nicht lustiger, entlarvender oder schlauer – und auf gar keinen Fall ist es vollständiger oder endgültiger als seine Geschwister.

Im Gegenteil: Bücher wie dieses sind immer unvollständig. Und das ist gut so. Denn wenn Sie sich beim Durchblättern dieser Dokumentation öffentlicher Kommunikationsversuche (und einiger Kommentare, die sich dazu im Web, in Blogs, in Mails, SMS oder in meinen Social-Media-Accounts angesammelt haben) irgendwann denken, „Na, da kenne ich aber weit Lustigeres/Schrägeres/Skurrileres", dann ist das super: Es beweist, dass Sie mit offenen Augen und wachem Geist durch die Welt spazieren – und nicht bloß träge vor sich hin trotten.

Und ich kann Sie nur eines bitten: Bleiben Sie so.

Eventuell könnten Sie Ihre Entdeckungen in Zukunft aber auch abfotografieren. Und mit der Welt teilen. Im Web. Mit Freunden. Mit mir. Oder mit einem der 1.000 anderen Autoren von Büchern wie diesem. Vielleicht werden Sie ja der 1.001. Autor eines Buches über seltsame Schilder, unverständliche Botschaften oder gut gemeinte, aber dann doch missglückte oder missverständliche Kommunikationsversuche mit dem Rest der Welt.

Doch auch wenn Sie beim Durchblättern dieses Buches hin und wieder nur schmunzeln, freut mich das. Denn dann haben wir beide gewonnen.

Drum: Viel Vergnügen!

Ihr Thomas Rottenberg

Ach ja: Nicht jeder findet alles gleich originell oder gar lustig. Sollten Sie sich durch was auch immer in diesem Brevier gekränkt, veräppelt oder sonstwie bloßgestellt fühlen, stehe ich nicht an, mich dafür zu entschuldigen. Es liegt und lag nicht in meiner Absicht, irgendjemanden mit diesen Momentaufnahmen zu beleidigen.

mitmenschen

06

Darf man sich über Hingabe lustig machen? Nein. Also freuen wir uns darüber, dass Hansi Hinterseers Musik seine Fans inspiriert, auch selbst kreativ zu werden.

www.zitat

Nikola W.: ...!!...!!...!!...

Christine Z.: Verführerisch!

„Rettet dem Dativ" war gestern – in Wiens Müllräumen wird der Akkusativ zuerst „zusammen gelegt" und dann selber „im Mistkübel" entsorgt.

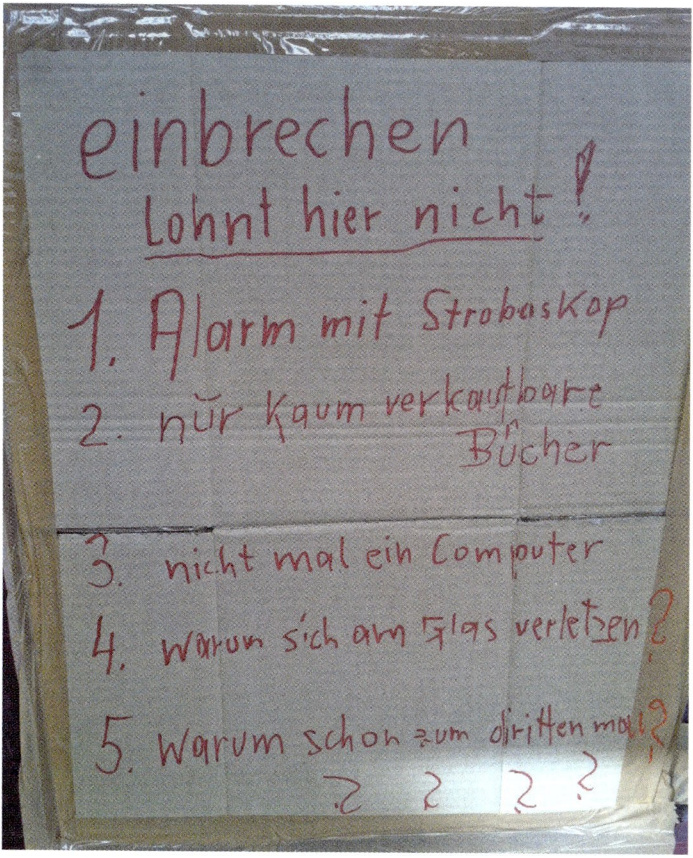

Der Einbrecher kann nicht lesen: Wenige Tage später wurde in dem Buch-Antiquariat ein viertes Mal eingebrochen.

www.zitat

Florian H.: macht irgendwie neugierig …

„Schlüsselqualifikation, dringend gesucht“

www.zitat

***Günter A.:** … hihi ziemlich sprechig :)))*

***Walter H.:** Sie wissen schon, warum sie eine brauchen, die der Sprache mächtig ist …*

***Erika F.:** bin gut deitsch-sprechig. *lol**

***Erich K.:** Ist ja nur, damit es dann wenigstens einer kann!!!*

***Mario H.:** Selber geschrieben?? ;))) genial*

***Eleonore R.:** zu schreiben, was man braucht, weil man es selber nicht kann – ist wenigstens ehrlich!*

***Daniela K.:** na deswegen suchen sie ja eine deutsch sprechige Kelnerin!*

***Claudia W.:** Na klar! Eine solls halt können, versteh ich*

***Heidi H.:** ist doch gut, wenn sie sich die fehlende kompetenz dazuholen wollen …*

***Johanna K.:** congrats. hammer pic!*

***Susanne E.:** … damit sie das Schild schreiben kann*

***Gabriele S.:** schöne Schrift, nicht?*

***Angela P.:** niihm mich vür die jop*

Ein Schelm, wer dabei Böses denkt:
Diese Wandmalerei ziert schließlich den Eingang eines Kindergartens in Wien 15.

www.zitat

Bernhard K.: *wenns juckt, dann juckts!*

Sabine H.: *juckpulver … da fliegen so tupfen um ihn rum …*

Sylvia B.: *Er sucht nach dem Stift, den er den Eltern gibt, damit sie das Bildungsvolksbegehren unterschreiben können …*

Alan G.: *das kind ist scheinbar hochbegabt, immerhin hat es konfetti verstreut und noch bevor das zu boden fiel, kann es (multitasking sei dank) ball spielen, lolli lecken und einen drachen steigen lassen.*

Das Rätsel, wie der große, der mittlere und der kleine Stanislaus mit Nachnamen heißen, ist endlich gelöst. Aber die Türöffner-Kombi ist garantiert nicht zu knacken.

www.zitat

Hermann P.: *Ich tippe auf Meingott!*

Colette S.: *Opa Walter (sehr kurzsichtig)*
Vater Walter (etwas kurzsichtig)
und der Student Walter im Keller.

Bernhard T.: *@Colette: So wie die Stanisläuse?*

Konrad J.: *HAL?*
… nein, WALTER!

Markus H.: *der code ist auch nicht grad schwer zu erkennen ^^*

Ka S.: *120 möglichkeiten*

Martin S.: *logisch richtig (120), in der praxis sind es 48, da die Taste „a" entweder am Anfang oder am Ende kommen wird*

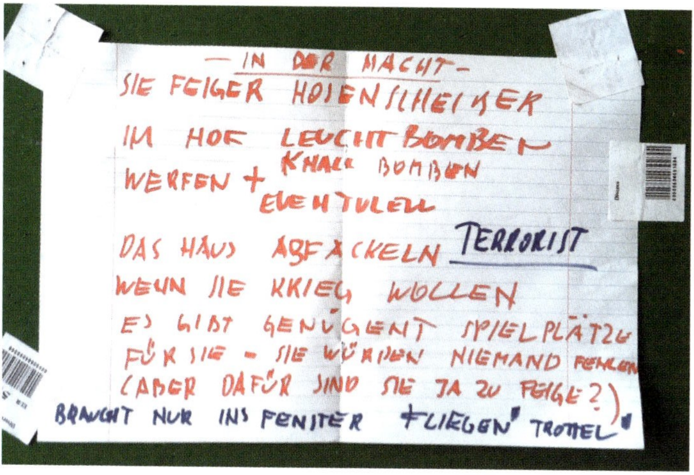

Manchmal verliert dann auch der Bildungsbürger im sechsten Bezirk die Contenance …

www.zitat

Gerald G.: *braucht nur ins fenster fliegen trottel! :o)))*

Simone H.: *„trottel"*

Johanna W.: *aber schön höflich die SIE-Form gewählt. Der Autor soll mal in unserem Aufzug vorbeischauen, solche Messages hätt ich auch gern meinen Mitmietern mitgeteilt …*

Niki P.: *In der Nacht –*

Johanna W.: *das heißt: IN DER MACHT*

Hugo G.: *ich versteh den schreiber und seinen zorn*

Petra M.: *Aus welchem Hausflur (Gemeindebezirk), tät mich interessieren … in dem Bezirk müsste die Pisa-Studie durchgeführt werden!!*

Werner W.: *Erfrischend originelle Form der Befestigung, muss wohl sparen und hatte kein Geld für Tixo. Andererseits wunderbarer Ausdruck von Verachtung und negierter Wertschätzung des Adressaten. Entzückend!!!*

Vera M.: *die pickerln und „trottel" – großartig! und „in der nacht" auch wunderbar! sollte in einer werbeagentur als texter anfangen, kein spaß!*

Wie repariert man einen Hund mit Blitzschlag?

www.zitat

Sabine H.: *Großartig!!! :o)*

Maria R.: *wuff-zack!! :-)*

János A.: *thomas gib zu, du bastelst/inszenierst diese schilder selber*

Barbara R.: *Inkludieren die 75 Euro einen neuen Hund?*

Arpad H.: *Eine Aufforderung, die sich selbst widerspricht, gehört zu den Prachtbeispielen des Konstruktivismus. Dieses Beispiel würde ich doch glatt in eine Reihe stellen mit dem Klassiker „Ignore this sign!".*

Abgrenzungsproblem der gärtnerischen Art im Augarten

www.zitat

Werner W.: Muss ja erwähnt werden, damit keiner die Geranien klaut oder Stecklinge von der Aucuba japonica abschneidet! Schöner Kontrast!

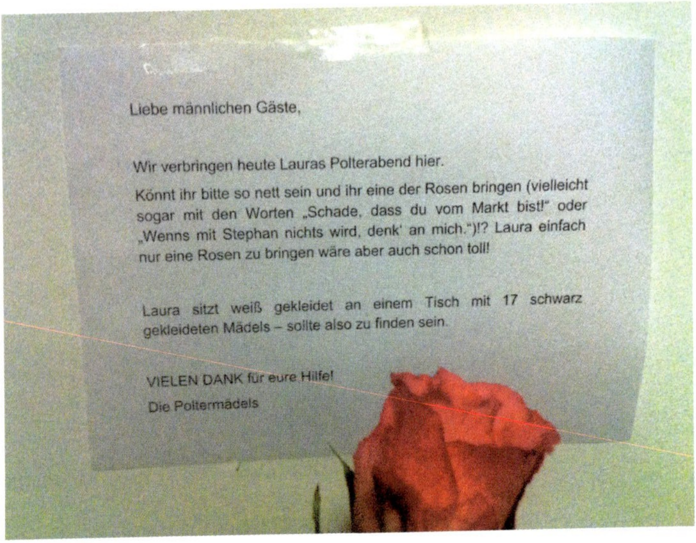

Diese Aufforderung hing über dem Waschbecken der Herrentoilette. Laura staunte nicht schlecht, als im Kunsthallen-Café am Karlsplatz alle drei Minuten wildfremde Männer mit Rosen vor ihr auftauchten. Dennoch: Sie überlegte es sich nicht anders.

Und die Erde ist eine Scheibe.

www.zitat

Michael K.: *das muss einem doch gesagt werden!!!!*

Mark B.: *Heee! Ist doch „Jetzt neu!". Gebt dem doch eine Chance!!!*

Andreas P.: *Gusch oida! ;-)))*

Georg S.: *welch wunderbares mantra! ich werde es von nun an jeden tag mehrmals wiederholen und so gemeinsam mit allen wienerInnen das nirvana erreichen.*

Verena F.: *Ich leb zwar erst seit einem Monat in Wien, aber wenn ich ganz ehrlich bin, hab ich wirklich den Eindruck, dass die Wiener etwas freundlicher sind als die Grazer! Jetzt kann man natürlich rätseln, ob das am Plakat liegt oder am kategorischen Imperativ. Oder irgendjemand schmuggelt jeden Morgen ein paar Happy Pills in meinen Fair Trade Kaffee …*

Andreas W.: *1.: Es ist ja „JETZT NEU", dass in Wien alle freundlich zueinander sind. War man früher nicht freundlicher zueinand? Gravierend auffällig ist, dass sich die Zeiten verschlimmert anstatt verbessert haben. 2.: Dem Initiator der Kampagne die Frage stellen, woher er diese Weisheit nimmt. Ob das nur in seinem Büro bemerkbar ist?*
Denn in Wien ist davon nichts zu merken. Wenn man die Medien, Polizeiberichte liest, hört und sieht, wird man sehr schnell merken, dass diese Kampagne UNSINN ist.

Sarah W.: *Das blöde Plakat hätt fast dazu geführt, dass ich vor Lachen in ein Auto gerannt wär. Aber auf sehr freundliche Art und Weise.*

Schön zu sehen, dass Nichtraucherschutz ernst genommen wird.

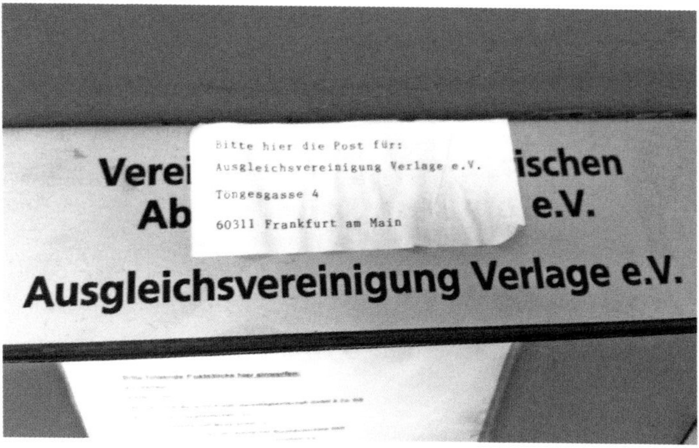

Auch in *Frankfurt* hält doppelt manchmal einfach besser.

Wieso eine Frau sich den Artikel „das“ vor ihrem Spitznamen gefallen lässt, ist nur eines der Geheimnisse der Nina Bruckner.

www.zitat

Verena F.: *Schreibt man sie jetzt eigentlich mit „i“ oder mit „ie“ am Schluss?! So genau dürfat des scheinbor net sei …*

Suzan A.: *Sie ist nach dem Tier, der Disney-Figur, benannt, durch Journalisten … „Bambi“ also. Wegen die Reh-Augen warats. Und wegen vielleicht noch was, was mir entfallen ist, ich nicht checke oder so. Ja und alle ihre Produkte, Fan-Artikel und so, müssen aus (Walt Disney-)rechtlichen Gründen mit „ie“ geschrieben werden.*

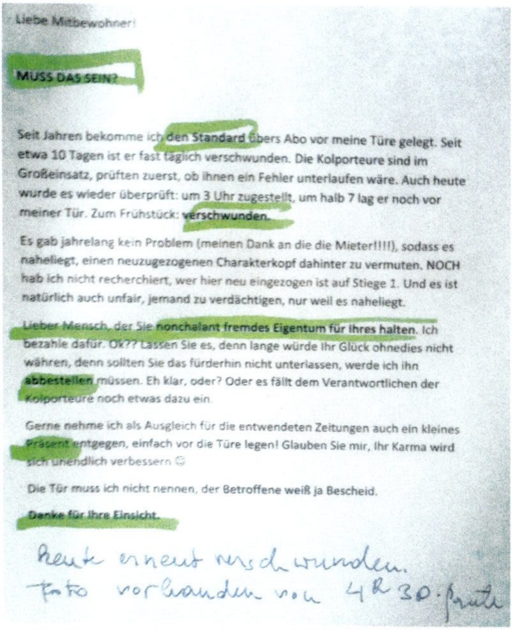

Liebe Mitbewohner!

MUSS DAS SEIN?

Seit Jahren bekomme ich den Standard übers Abo vor meine Türe gelegt. Seit etwa 10 Tagen ist er fast täglich verschwunden. Die Kolporteure sind im Großeinsatz, prüften zuerst, ob ihnen ein Fehler unterlaufen wäre. Auch heute wurde es wieder überprüft: um 3 Uhr zugestellt, um halb 7 lag er noch vor meiner Tür. Zum Frühstück: verschwunden.

Es gab jahrelang kein Problem (meinen Dank an die die Mieter!!!!), sodass es naheliegt, einen neuzugezogenen Charakterkopf dahinter zu vermuten. NOCH hab ich nicht recherchiert, wer hier neu eingezogen ist auf Stiege 1. Und es ist natürlich auch unfair, jemand zu verdächtigen, nur weil es naheliegt.

Lieber Mensch, der Sie nonchalant fremdes Eigentum für Ihres halten. Ich bezahle dafür. Ok?? Lassen Sie es, denn lange würde Ihr Glück ohnedies nicht währen, denn sollten Sie das fürderhin nicht unterlassen, werde ich ihn abbestellen müssen. Eh klar, oder? Oder es fällt dem Verantwortlichen der Kolporteure noch etwas dazu ein.

Gerne nehme ich als Ausgleich für die entwendeten Zeitungen auch ein kleines Präsent entgegen, einfach vor die Türe legen! Glauben Sie mir, Ihr Karma wird sich unendlich verbessern ☺

Die Tür muss ich nicht nennen, der Betroffene weiß ja Bescheid.

Danke für Ihre Einsicht.

heute erneut verschwunden.
Foto vorhanden von 4h30 früh

Es kann der Beste nicht in Frieden ruhen, wenn dem bösen Nachbarn seine Zeitung so gut gefällt.

www.zitat

Tanja S.: *Thomas, hör auf, dem Mann seine Zeitung zu klauen! pfui!*

Alice Y.: *Find ich sehr charmant, den Brief!*

Johanna H.: *Als Geschenk würde ich die volle Altpapiertonne empfehlen! Da kann man dann alle Zeitungen nachlesen.*

Mona M.: *COOL: KARMAPUNKTE. wo lös ich die ein? bei da frau karma?*

Harald L.: *miniüberwachungskamera kaufen und dann im blumenkistl verstecken.*

Jürgen L.: *auf jeden fall ein intellektuelles wohnhaus. man spricht von karma und der standard usw. in favoriten wär das anders.*

Dieser Zettel hing an einem Bankomaten in *Wien-Margareten*.
Ob sich da wohl jemand gemeldet hat?

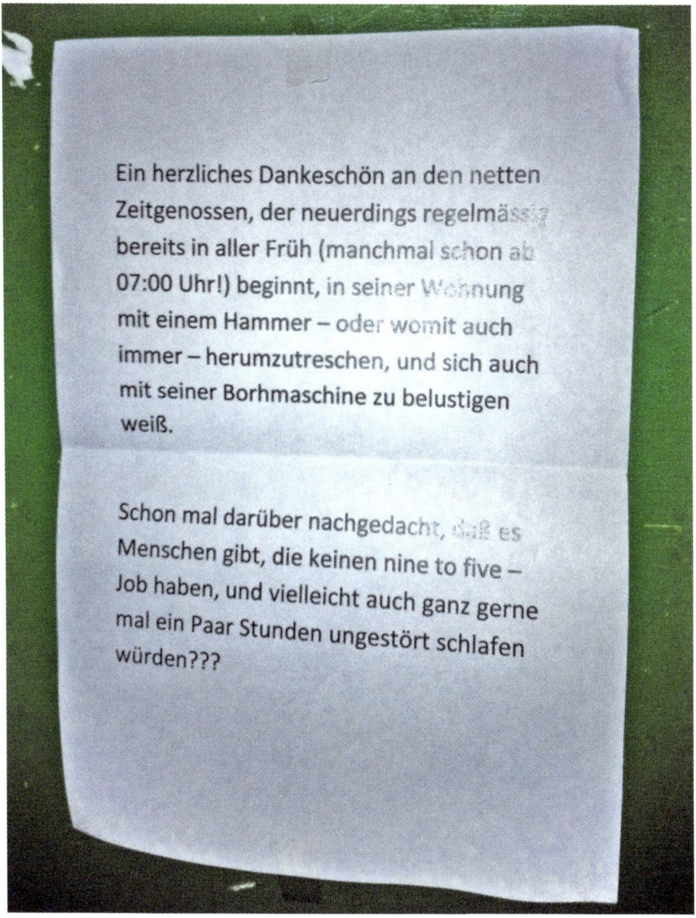

Schau mal, wer da hämmert …

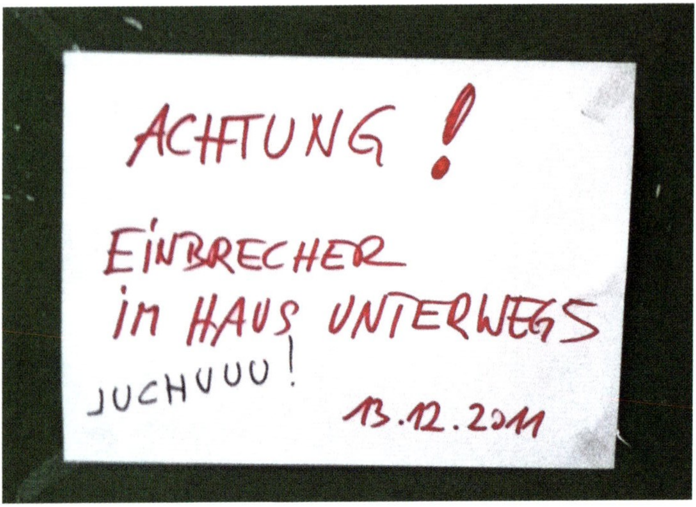

So findet eben jeder etwas anderes zum Jubeln … *(Knapp vor Silvester in Wien 6)*

www.zitat

Chris E.: *Soll das jetzt ein netter Hinweis sein, man möge die Herrschaften bitte nicht beim Wohnungentrümpeln stören bzw. nicht die Polizei verständigen???*

Michael K.: *das muss ja ein großes haus sein.*

Wolfgang K.: *der juchuuu ist vermutlich gut versichert und freut sich auf ein neues equipment …*

Manuela K.: *wie gut, dass ich ein fahrrad habe, das diesen einbrechern offenbar zu rosa war. juchuuu!*

… oder zum Aufregen: Und gleich nach dem Neujahrs„konzert“ kam die Neujahrsansprache. Nicht nur im TV – auch im Stiegenhaus.

www.zitat

Kurt W.: Made my day!!

Claudia H.: im stiegenhaus ist schon hardcore :)))

Philipp S.: immer wieder sehr erheiternd, diese literarischen ergüsse der nachbarinnen …

Hermann S.: Das waren sicher die einbrecher.

Johanna H.: Das sind sicher Zeitungsdiebe, die nur ablenken wollten.

Patricia S.: naja, wo er/sie recht hat, hat er/sie recht!

Christine S.: juchhu … knallkörper im haus!

Kate K.: hoffentlich doch zuerst zünden und dann werfen, weil sonst auch noch aua

Anton H.: Das Zeug polarisiert wie Haustierscheiße und Kinder haben!

Ulrike P.: Und nach der Neujahrsansprache kommt der Neujahrstadel!

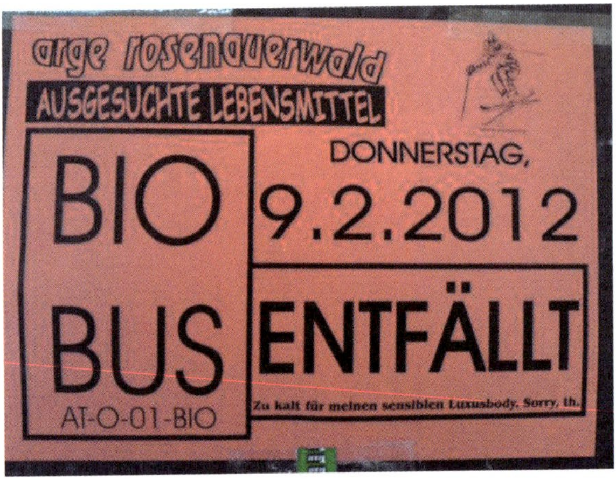

Bio-Weicheier! Sooo kalt war es schließlich auch wieder nicht!
(Im Februar 2012 vor der „Sargfabrik" in Wien)

www.zitat

Alexandra U.: *Aber wenigstens ehrlich.*

Linda L.: *Ausrede – der hat a andere.*

Scholem A.: *Die Frage ist aber, ob es sich um Freihangeier oder Bodenhaltungseier handelt, sowie welche Haltungsnoten zu erwarten sind.*

Klagenfurt bei Nacht

Fast wie neu.
Da wäre Wegschmeißen die pure Verschwendung …
… und auf ein paar Buchstaben mehr oder weniger kommt es ja auch nicht an.

Badegast, kommst du nach Island …

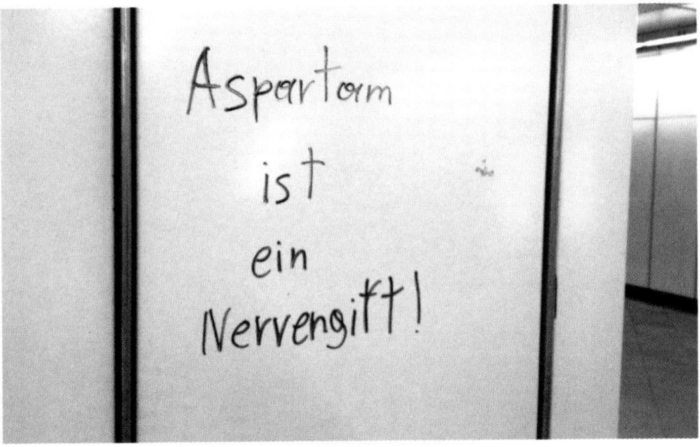

In der U-Bahnstation Neubaugasse hat sich jemand der Volksbildung verschrieben.

www.zitat

Katja L.: *ist es ja auch*

Sina M.: *stimmt ja. und glutamat wird derzeit als einer der möglichen auslöser für parkinson und alzheimer gehandelt. Aber bitte, esst nur weiter … yum yum*

Niki K.: *information und wissen um den scheiß, mit dem massen krank und blöd gemacht werden, ist schon wichtig, auch wenns vordergründig ridicule sein mag.*

André M.: *Ich predige im Arbeitslager auch gebetsmühlenartig gegen die mit Aspartam gesüßten Light-Produkte. Langsam scheint der stete Tropfen den Stein zu höhlen.*

Sina M.: *Auf jeden Fall, weil die „andere" Information, verbreitet via gut bezahlte politische Marketingstrategen, funzt ja auch. Also warum nicht mal ein bisschen „free advice".*

Mark B.: *Ah, dann war das „F" doch kein korrigiertes „T" …*

Linda L. *an Sina M.: ich finde, du hättest ein wenig schöner schreiben können ;-)*

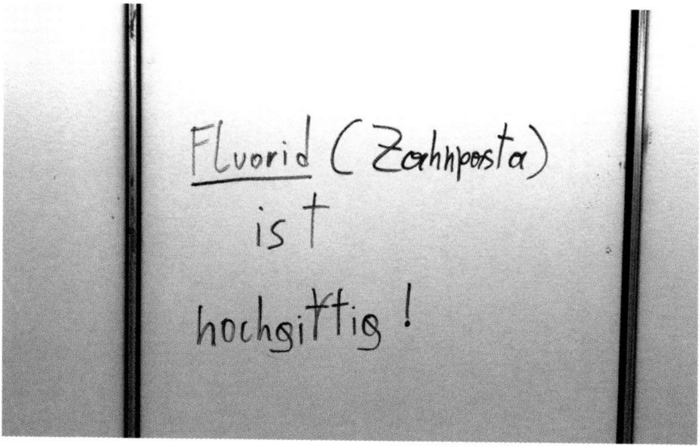

www.zitat

Heinz R.: Die Dosis bestimmt das Gift.

Suzana M.: greift offensichtlich das hirn an und lässt einen zuerst „hochgiVtig" schreiben …

Salman A.: Signatur: Der Zahnlose.

Bettina B.: Da fällt mir aber noch viel mehr ein, das auch hochgiVtig ist.

Martina G.: Givtig ist eben eine Steigerung zu giftig, ihr Banausen.

Linda L.: Hmmm, das bringt mich auf eine Idee. Ob der Permanent-Marker wohl hält, was er verspricht …?

Selma M.: Ich glaube, da steht gar nicht „giftig" oder „giVtig", sondern „gittig". Also: hoch„gittig". Vielleicht will uns der anonyme Autor mitteilen, dass er Zahnpasta höchst „igittigitt" findet?

Hasselhoff liest Rilke. Der Knight Rider deklamiert also auch Lyrik …
Der Knight Rider deklamiert Lyrik? Nicht ganz: Eine Buchhandlung im Wiener Museumsquartier versucht so, Passanten anzulocken – und sorgt bei Touristen und im Web für Staunen.

www.zitat

Gerda F.: *Der kann lesen?*

Erich K.: *echt jetzt?*

Markus C.: *schon wieder?*

Gerry W.: *der schwimmt und sauft doch, oder??? ah ja, und singt!!*

Fiona L.: *geh, das ist ein fake??*

Christoph L.: *und ich dachte, der liest nur die getränkekarte.*

Petz G.: *event. … liest Marilke??*

Fiona L.: *österreich ist wirklich ein auffangbecken für knight riders*

Nicole P.: *WO WO WO WO???*

Margalit G.: *ein Wunder!*

Susanne F.: *solange er Rilke nicht singt …*

Jörg W.: *Hasselhoff ist ja als Name recht verbreitet. Gibt bestimmt mehr als einen David.*

Dietmar K.: *geh echt – in Deutsch?*

Bernhard O.: *Langweilig! Rilke singt Hasselhoff, das wäre mal was. „I've been lookin' for freeeeeeeedom!"*

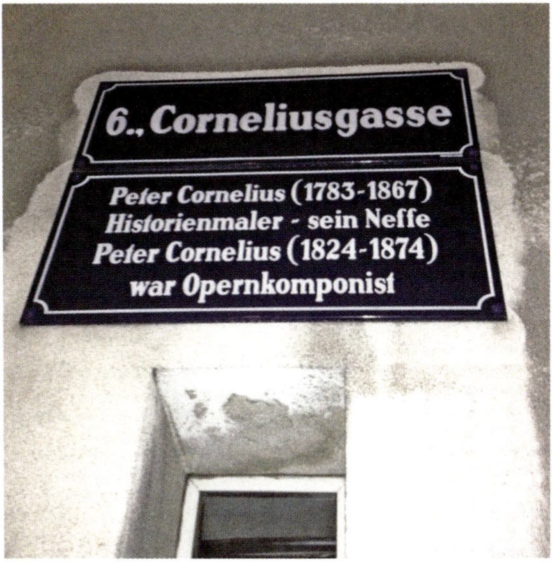

Du entschuldige … Aber: Der, den ich kenne, ist da noch nicht dabei.

www.zitat

Tex R.: Genau, Cornelius, der Schimpanse aus Planet der Affen.

Tim B.: Dr. Cornelius, wenn ich bitten darf! (und natürlich reden wir von der ersten verfilmung)

Thomas K.: what about dr. zaius?

Mathias M.: du entschuidige, die kenn i net …

Scholem A.: Pater Cornelius aus dem fünften Element?

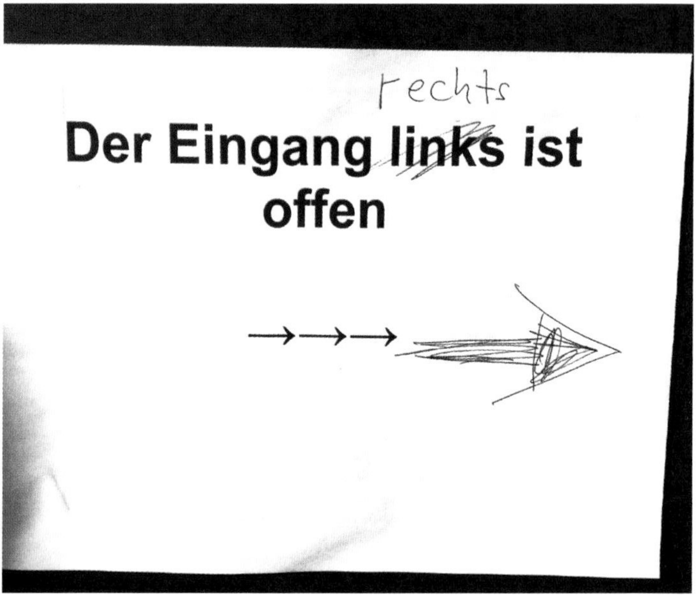

Eh klar, oder? *(Palais Auersperg)*

www.zitat

Dagmar G.: *lechts und rinks, das soll man nicht verwechserln … oder so.*

Maria F.: *Rechts ist da, wo der Daumen links ist …*

Dagmar G.: *Lieb find ich ja, dass sie den Pfeil nachgezeichnet haben. Sonst könnte man ja glauben, es wär auf der anderen Seite …*

Ursula B.: *Hinweisschilder werden überbewertet. Folge deinem Instinkt!*

Bernhard D.: *Schatz, das andere Links!*

Die Wahrheit. Einfach die Wahrheit.
In Kopenhagen hängt sie an der Wand.

www.zitat

(Zu diesem Schild gab es kein einziges Posting – aber innerhalb von 24 Stunden über 150 „likes“: Manches spricht eben einfach für sich selbst.)

Manchmal ist Satire ja doch einen (kleinen) Schritt grotesker als die Wirklichkeit.

www.zitat

Ursula L.: *„Barfuß im Park“ war ja nicht umsonst sehr erfolgreich.*

Katja P.: *Sonst könnt ja jeder kommen!*

Gerald N.: *Gilt das auch in der Hundezone?*

Sandra G.: *… und im Winter?*

Katja P.: *Gerald, Du bist soooo grauslich. ;-)*

Jubiläumswarte, Wienerwald

shopping macht happy

Und was kosten halb reiche Polos?

www.zitat

Katrin G.: *Geh einmal über den Brunnenmarkt und lies die Preistafeln – da findest du Grape Fut.*

Julia A.: *Für mich bis in alle Ewigkeit legendär: „Ich will nicht Kalbsschnitzel. Ich will mein eigenes." (Günther Paal)*

Georg A.: *Der Halb arm Prolo wäre konsequenter.*

Peter L.: *wenigstens ohne apostrophe …*

Christine S.: *… las beim ersten hinsehen halb arm prolos … ob das als freudscher verschauer durchgeht?*

Eleonore R.: *… findet das pisa-test-reif …*

Linda L.: *Halb arm ist fast schon reich.*

Swinger-Bootstouren – und das am Tag des Herrn!

Eine neue Form des funktionalen Analphabetismus:
Was, bitte, könnte das bedeuten? *(Wien-Mariahilf)*

www.zitat

Maria B.: *Sozu sagen da neben. :-)*

Heinz R.: *ich meine es zu erraten … :-)*

Georg N.: *@heinz: das heißt „er raten", bitteschön!*

Bernhard D.: *Würde auch gut zum Do-An am Naschmarkt passen ;-)*

See H.: *Do-Da wär auch ganz nett.*

In Summe befindet sich auf diesem Schild ja ohnehin die richtige Anzahl von Leerzeichen.

Das Supermarktkassenorakel hat sich wieder etwas Feines ausgedacht.

Streng genommen ist „get nailed“ ja nicht falsch. Trotzdem bekam das „Nagelstudio“ bald Besuch von der Sitte.

Diese klassische „Text-Bild-Schere“ öffnet sich an der Südeinfahrt nach Wien.

www.zitat

Helene W.: *dependance svp*

Johannes S.: *ja, das kenn ich! auf der triester! *g**

Kesara P.: *… aber das Eisending is ja echt schön! Sowas mocht heitzutog jo gor kaner mehr.*

Klaus P.: *die will ich auch*

Dieses hygienisch einwandfreie Schild in einer Tankstelle in *Maissau* hängt nicht etwa im Zugangsbereich oder im Waschraum der Toilette – man sieht es erst, wenn man bereits sitzt.

www.zitat

Michael M.: *Und? Hast in die Kamera gewunken?*

Henrike B.: *Und zwar mit BEIDEN Händen?*

Stavros Z.: *@Henrike: Du meinst, die gelbe Farbe des Papiers stammt NICHT von der Zeit?*

Bernd J.: *big brother is watching you*

Martin F.: *Und auf welcher Internetseite kann man sich das live anschauen?*

Geschnäuzt & gekampelt kam der Papierkorb an seinen Arbeitsplatz zurück – doch seine Hoffnung, für immer so bleiben zu dürfen, wurde rasch und bitter enttäuscht.

Man spricht es doch eh so aus!

www.zitat

***Henrike B.**: Stammbeisl!*

***Bernhard K.**: aber sie waren sich selbst nicht ganz sicher, bei selbstbedienungs-büfe hat das büget nur noch für ein f gereicht! haha*

***Wolfgang G.**: das ist nun mal in wien (aber auch berlin) so. und am liebsten noch die preise mit ,– hinter den cents ausweisen.*

***Jakub S.**: die sind ja auch recht schreibweisenkonsequent: büffe, büfe, aber auch büffet (auf der anderen seite), da ist für alle was dabei. klar ist: hier wird gebacken! fujdajbl!*

***Eduard T.**: priceless!*

***Eva K.**: nichts gegen die übersetzung von „stelze" … „gebratene elle + speiche" … gelesen in bella italien*

***Barbara R.**: Habsburger Monarchie mundgerecht!*

Zum Glück war das Schild das Einzige, was die Betreiber von Wiens bestem Thai-Imbiss vom Vorgängerlokal übernahmen.

Wollen wir die Antwort wirklich wissen?

www.zitat

Signo R.: Wieso ist dem wichtig?

Dabei böte das kleine Café einen wirklich schönen Blick auf die Umgebung von *Berchtesgaden.*

www.zitat

Colette S.: Das sind doch wenigstens leicht zu merkende Öffnungszeiten!

Silvia R.: zuadraaaht ;o)

Alexander K.: Das nenn ich konsequent!

Marina I.: haha, na wenn, dann gscheit!

Werner W.: Ob sie damit mehr Gäste anziehen wollen, die nachsehen, ob auch wirklich geschlossen ist??? Auch nicht blöd …

Wer sich in *Klagenfurt* dem kleinen Glücksspiel hingeben will, muss zuerst die Ortstafelfrage lösen.

www.zitat

Willi P.: *Klagenfurt darf nicht Manhatten werden!*

Dominik A.: *Aber wenigstens zweisprachig*

Peter L.: *neben dem auge gottes kino gab es auch eine bar gleichen namens … nach dem motto, so viele „a"s können da nicht drin sein …*

Was gibt es hier tatsächlich?

Geiler als Geiz

www.zitat

***Daniela S.:** Entweder ist der Preis auf ein Viertel reduziert oder derjenige, der das Preisschild ausschrieb.*

***Manfred D.:** auf null reduziert, genau genommen: x/2 –50x/100.*

***Susanne W.:** gratis …*

***Michael H.:** NA WOS JETZT*

***Michael K.:** 50 % vom halben Preis sind 25 % vom Ursprungspreis. Also 100/2 = 50, 50/2 = 25. Ich wäre so ein Kunde, der einen Zirkus macht, wenn ichs dann ned doppelt vergünstigt bekomme :)))*

***Erich K.:** Was jetzt, –50 % oder der halbe Preis?*

***Maria T.:** also ich würd sagen, 50 % vom halben Preis ist ein Viertel des alten, nicht-reduzierten Preises …*

Noch genauer geht echt nicht.

www.zitat

Günther K.: das nenn ich kreative geschäftszeiten – das sollte ich mir für meinen betrieb auch überlegen …

In *Prag* weiß man, worauf es wirklich ankommt …

… während sich diese Geschäftsidee in *Pfunds (Tirol)* wohl nicht ganz nach Plan entwickelt haben dürfte.

Hauptsache, die Frisur hält. *(beim Margaretenplatz in Wien)*

www.zitat

Sandra H.: *nicht so arg wie der inder mit dem schild: „bitte essen sie bei mir, sonst verhungern wir beide!" den gibt es wirklich im 8.*

Michael D.: *könnt aber auch sein, dass hier vorbeischlendernde frisöre kurz innehalten sollen ;-)*

Janina L.: *ja, ein inder!*

Veniamin K.: *im 8. hat es bei mir gewirkt. beim friseur gehe ich nicht fremd.*

Robert S.: *was der wohl sagen würd, wenn ich bei ihm reinstolpere? freude hätt er sicher keine.*

Veniamin K.: *Robert: „einmal polieren?"*

Robert S.: *viel zu einfach. ich würd sagen: „einmal dauerwelle; föhnen und legen". wenn er DAS schafft, bekommt er irgendeinen nobelpreis.*

Veniamin K.: *ohne eine genaue stellendefinition könnte es doch klappen*

Das Schild bot einfach so viel Platz – den galt es vollzuschreiben.

Dieser Fotograf in *Lienz* hat seine Perspektive ganz eindeutig gefunden: Auch die „weiter Fotos“ kommen alle von rechts-hinten-oben über die Schulter.

Eine Geschäftsübernahme kostet. Wozu also Geld für ein neues Schild verschwenden – wenn ein einfacher Edding-Stift reicht?

www.zitat

Mark B.: … solange nicht das „fröhliche" durch „grantige" ersetzt wurde …

Dani E.: was weiß einer wie der rottenberg schon über haare?

Eine Aktion für schlaue Rechner in *Lienz*.

Kalt? Mir? Nie! *(Innsbruck)*

www.zitat

Wolfgang K.: *wirkware sozusagen*

Elisabeth W.: *cool :-)*

Wolfgang R.: *es scheint sich um ein besonders witziges exemplar meines stammes – der texter – zu handeln …*

Peter B.: *soko „wort & witz im öffentlichen raum" ersucht um sofortige herausgabe der adresse. gefahr im verzug!*

Thomas Rottenberg: *@peter: ibk, gegenüber vom café central.*

Verena L.: *lassts halt die tirola a amal witzig sein*

Peter B.: *@verena: jederzeit! try again.*

Modeschmuck für Nixen und Meerjungfrauen in *Wien-Neubau*

Und wenn man drei nimmt, gibt es in *Innsbruck* Frieden gratis dazu.

www.zitat

Nenad M.: *Mir bitte auch, Schweden is so kalt zu dieser Jahreszeit.*

Michael W.: *Hilarious!!! Ich will auch einen!*

Jakub S.: *Ja, ich will ihn auch, falls nicht zu mühsam, dann bitte mit Widmung.*

Thomas Rottenberg: *vielleicht kriegen wir ja mengenrabatt?*

Mariella S.: *Glaubst, haben die auch Physik? Dann zahl ich mit!*

Thomas G.: *@mariella: physik ist vermutlich erst nach weihnachten wieder im haus. aber sie hätten drei alte frieden (allerdings mit benutzungsspuren und ohne garantie) zum preis von einem neuen. wär das was?*

Mariella S.: *nah – das ist mir zu alt-68er. ich warte lieber auf die neue lieferung …*

Billiger kriegt man die Kleinen nirgendwo.

www.zitat

Ulrike N.: *Ein Klassiker.*

Georg U.: *habs versucht: die lassen nicht mit sich handeln – gschroppen gibt es nur zum fixpreis.*

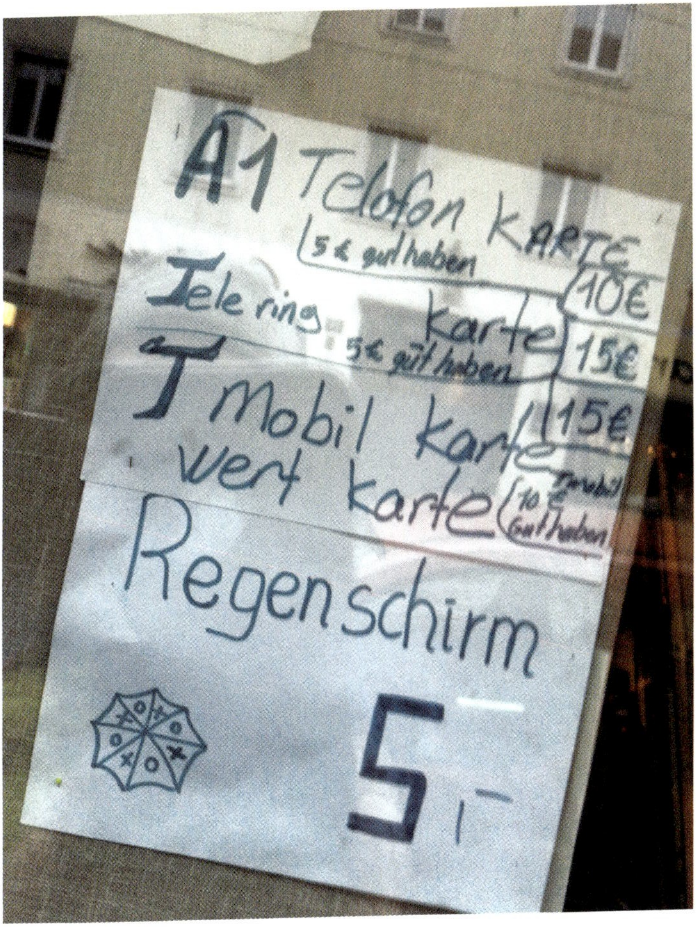

Die Karte hat Wert. Gut, sie zu haben. *(Callshop-Fenster in Graz)*

Diese Jacke wurde von Größe 42 auf Größe 38 reduziert.

Tja, da hätten wir wohl gestern kommen müssen.
Aber wieso ist der Laden dann noch offen?

Einfach ehrlich

NEUERÖFFNUNG
BLUE VISIONS
Real Estate Services GmbH
GESCHÄFTSLOKAL
47 m2
VERKAUFEN
„ZEIT FÜR FUß
UND PFLEGE"

Tja …

Weiß Robert Kratky, wofür er da wirbt?
(Callshop in Wien-Mariahilf)

Weder Arztpraxis noch Pissoir

www.zitat

Volker P.: Meidlinger Hauptstraße!

Bernhard V.: Ein Drive-in-Urologe war eh längst überfällig …

Karola B.: mein stammgeschäft

Susan J.: muss ich klauen, danke

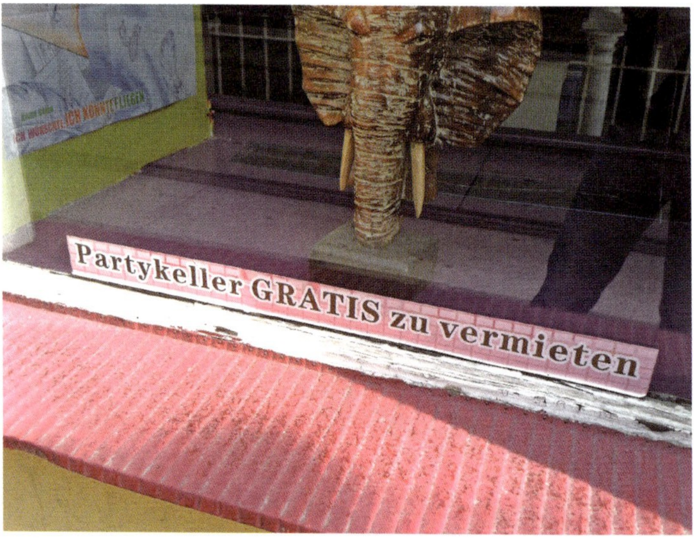

Die Miete steigt vermutlich indexangepasst.

www.zitat

Julia J.: *das fällt ja schon fast in die kategorie „gratis-geschenk" ...!!*

Bob N.: *jetzt wäre noch hilfreich zu wissen, wo das ist*

Patricia D.: *gratismiete ist super*

Harald Z.: *ihr ahungslosen. das ist der partykeller von impresario franz-josef gratis, der ist zu vermieten*

Bob N.: *danke für die info. und deutsch gelernt bei yoda du hast*

Harald Z.: *ich stifte ein n*

Andrea S.: *Netter Trick*

Barbara P.: *da bob is a kärntna so wia i a ana bin und mia redn volle guat deitsch, bessa wia de wiena, lei a bissl longsoma samma beim denkn*

Blöd nur, dass der Maulbär unter Artenschutz steht.

www.zitat

Roman R.: der laden brummt sozusagen

gastro

Früher hieß es „Schriftsprache". Heute ist es umgekehrt.

Voll kürrekt *(Wien-Favoriten)*

www.zitat

Andreas P.: *mit natürliches geschmack und mit alles außer nicht scharf :-)*

Jakob S.: *nicht jedesmann geschmack*

Martin M.: *das geschmeckt mir!*

Betul B.: *was bedeutet çigköfte/m?*

Walter H.: *Spontan hätte ich jetzt „natural flavour GIFTKÖDER" gelesen …*

Betul B.: *nicht beef tatar?!*

Tilman J.: *Das heißt sich „Geschmeck"!*

Mathias M.: *haben die auch der gerät?*

Tilman J.: *Voll die krass Gerät!*

Ganz nebenbei: Diese Werbung für die „rheinische Antwort auf die internationale Dipp-Kultur" findet man nahe Düsseldorf ausschließlich auf Plakaten in Gasthaustoiletten.

www.zitat

Felicitas H.: Suchbild – before or after?

Adam N.: iiiihhh!

Hugo G.: so sinds halt, d'preissn

Gabriele G.: na geh …

In Osttirol they can good english … *(Lienz)*

www.zitat

Harry L.: *Se Apostroph is a dog.*

Philipp K.: *play you yes not, spü di jo ned*

Anna D.: *they all have a from! woohoo!*

Axel T.: *… you wouldn't hold it for possible!*

Christine Z.: *Und Du meinst, das fällt irgendwem auf? Das siehst Du und noch 5 andere. Der Rest hat Schwierigkeiten, das Wort „Privatparkplatz" zu lesen und stellt sein Auto trotzdem ab :-)*

Wolfgang J.: *I think I spider!*

Angelika F.: *Ich liebe Spinnen auch!*

… und als Beilage gibt es Kabelsalat.

Man weiß ja nie, was der Kunde weiß. *(VOTIV Kino Wien)*

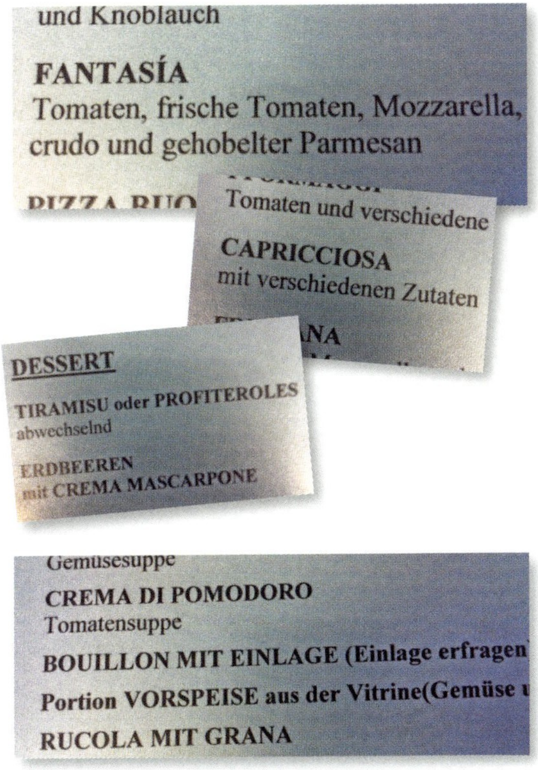

Das Kleingedruckte macht es spannend. *(Wien-Neubau)*

www.zitat

Dominic F.: Na ein paar alte, ranzige und ein paar frische Tomaten … was denn

Thomas W.: … geschmacklich muss das was hergeben, oder?

Marina L.: hahahaha – sind die tiramisu- und profiteroles-wochen zur orientierung irgendwo ausgeschrieben?

Günter U.: Ah, Pizza Surprise also!

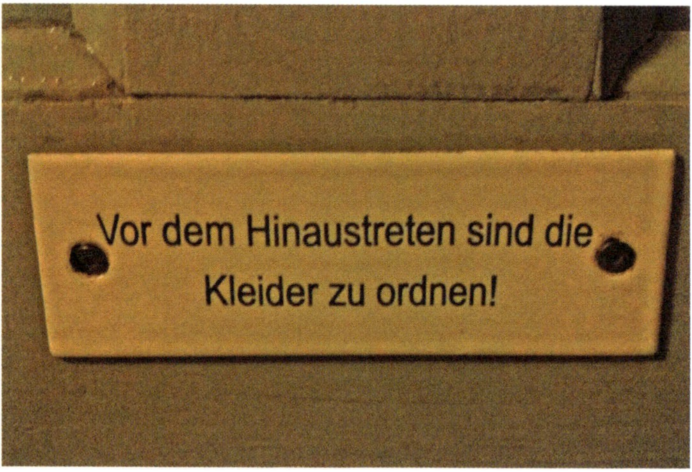

Über den Anlass, der den Cafetier in der Stumpergasse dazu brachte, dieses Schild in den Toiletten anbringen zu lassen, wollen wir lieber nicht nachdenken.

www.zitat

Daniela G.: *Das stand früher in allen Lokalen.*

Esther H.: *man spricht mir aus der seele*

Johanna H.: *das hab ich zu Hause auch ;-))*

Erich S.: *gut, dass wir darüber gesprochen haben*

Ob Ex-Innenminister Ernst Strasser oder Ex-Vizekanzler Hubert Gorbach die Speisekarte getextet haben, wollte der Wirt in *Laxenburg* nicht sagen.

In *Tallinn (Estland)* lebt das Bier ...

Fragen, Fragen, Fragen (und ein bissi Angst):
1) Was ist „living beer"? Grander-Bier?
2) Was hat die Dame links in der Hand? Lebendbier?

www.zitat

Ulrich S.: *das links in der hand schaut aus wie nudeln*

Maria B.: *oder bierradi, unscharf*

Johanna H.: *Das links in der Hand ist die Erleuchtung, die du bekommst, wenn du die Biere (ob lebend oder nicht) rechts getrunken hast und wenn du dann mit beiden Damen nach Hause gegangen bist, wirst du wissen, woher sie ihr Selbstbewusstsein haben.*

Marcus H.: *Klone haben die auch*

… und bei der „Gelsenbar“ im Wiener Prater bringt der Wirt seine Kollegen hoffentlich nicht auf blöde Ideen.

www.zitat

Michael J.: *Einträge in mein Profil: AB SOFORT PORTOFREI!*

„Einmal Klassensprecher – mit alles und scharf."

www.zitat

Romy K.: *habs erst beim 2. mal durchlesen verstanden, aber dann …*

Johannes S.: *mit schaf, bitte!*

Hugo G.: *mit bauernspeck oder bauernschlau?*

Sandra H.: *gibt es nix frischeres?*

Andreas Sch.: *Endlich einmal eine passende Verwendung für diese Rotzpippen! Geht wahrscheinlich auf eine Initiative von Unterrichtsministerin Claudia Schmied zurück.*

Peter L.: *Ja, genau, und wo kommen all die Kinder für die Kindermilzschnitte her?? Fragen über Fragen …*

Bernhard B.: *die wollten einfach nicht mehr in die schule gehen!!!*

Conrad S.: *Dabei kann ich mich noch an die UNO-Kritik erinnern, dass in Österreich Mädchenhandels-Schulen betrieben würden …*

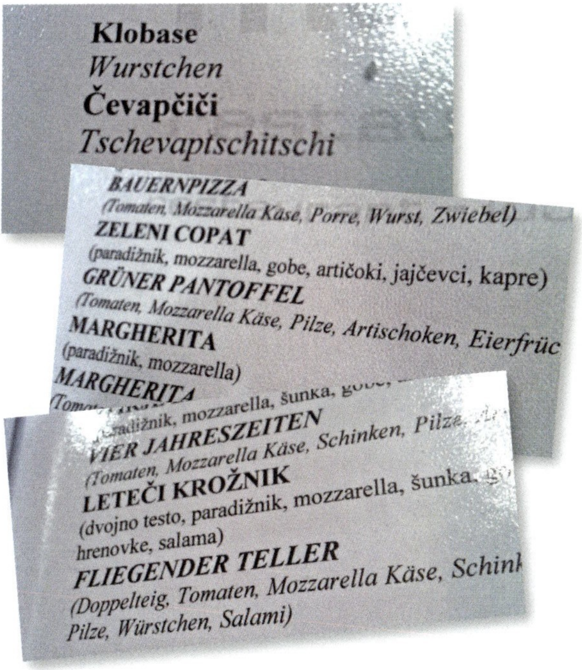

Wenn Übersetzungsprogramme auf Speisekarten losgelassen werden.
(Nova Gorice/Slowenien)

www.zitat

Rosa N.: *Schön! Ja, manche Gerichte sind einfach unübersetzbar – obwohl er natürlich hätt schreiben können: winzige wurstchen an schpiesz*

Bernhard O.: *Was aber falsch gewesen wäre, weil Kebab ja kein Würstchen ist.*

Rosa N.: *Na, na, Herr O!!! Korrekt sein, bittscheen!!! Es geht doch nicht um KEBAB [Faleisch, was ummadumma dreht], sondern eben um TSCHEVAPTSCHITSCHI!!!*

Michael S.: *In Montenegro lautet die deutsche Übersetzung von Cevapcici „Fleischfinger"*

Mona M.: *lautmalerisch ist das doch wunderbar …*

Christoph L.: *fast wie eine kärntner ortstafel …*

Rosa N.: *also Fingafalaisch – das ist doch supa!*

Netter Versuch – aber ob sich böse Menschen tatsächlich durch so ein Pickerl beeindrucken lassen?

Der Aufkleber prangt in *Nova Gorice* an einem Hotel-/Casinoeingang – und ist dort, so wie überall sonst, wo man ihn findet, lediglich der Hinweis darauf, dass die Sakko-Ausbeulungen bei jedem zweiten Mann genau das sind, was man diesen Männern bösartigerweise schon aufgrund ihres Auftretens unterstellen würde …

Das Gasthaus liegt in der Kaiserstraße – aber dass man „Imperator“ auf Türkisch tatsächlich „Imparator“ schreibt, weiß vielleicht doch nicht jeder Passant.

www.zitat

Walter H.: Da kann Dark Fader nicht weit sein

Michael Johann K.: Teile und hArrsche!

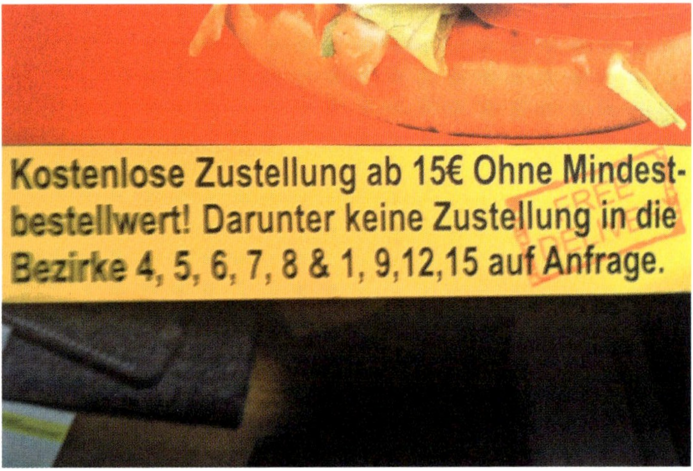

Hä?

www.zitat

Sandra H.: *das bedeutet: koch dir lieber selbst was!*

Barbara T.: *großartig. der versuch es zu entwirren, macht mir kopfschmerzen.*

Rahel N.: *is doch ganz klar: ALLES IS MÖGLICH, ABER NIX IS FIX*

Gergely T.: *Übersetzungen dieser Art mache ich nur auf Anfrage, außer Du wohnst in den Bezirken, 4, 5, 6, 7, 8 UND 1, 9, 12, 15, dann gibt es die Übersetzung ab 15 Euro. Vielleicht.*

Barbara T.: *ich bin ja kein rechtsverdreher, aber wenn es keinen mindestbestellwert gibt, dann gibt es auch keine unterbestellung, die 15 euro sind hier vollkommen nebulos, der zusatz hebt sie auf. also kann ich, egal in welchem bezirk ich wohne, eine bestellung aufgeben und die kostet mich gar nichts.*

Franco E.: *das ist eine mögliche interpretation, viel glück beim verhandeln!*

Reiz der Kombination *(Café Alt-Wien, Wien)*

Verlässlicher geht nicht. Echt nicht.

www.zitat

Lukas K.: *welche magistratsabteilung ist das?*

Manfred M.: *… seit sie nimmer rauchen dürfen …*

Linda L.: *Salzamt, Beschwerdestelle.*

Wenn da ein Weihnachtsengel dabei steht, fühlt sich bestimmt kein Gast geneppt. *(Klagenfurt)*

www.zitat

Carsten L.: *Erbsenzähler sind immer peinlich. Mangelnde „Großzügigkeit" wird oft auch noch mit mangelndem Service kompensiert.*

Iris M.: *Das lass ich mir einreden, wenn der Gast nur Wasser trinkt … Aber wenn ich zur – wahrscheinlich eh schon nicht ganz billigen – Flasche Wein eine Karaffe Wasser haben will und mir die dann verrechnet wird, find ich's nur noch frech … Demnächst zahlst dann fürs Glasl Wasser zur Melange 10 Cent, oder wie?*

Kai L.: *Wenn so was schon in Österreich Usus wird, dann ist es um die abendländische Kultur schlecht bestellt …*

Kai L.: *Und: Unter dem ehemaligen Landeshauptmann hätte es das aber nicht gegeben, oder?*

Nicole B.: *Ich habe gerade im XXXXX 50 Cent dafür bezahlt, dass sie mir den Cranberrysaft mit Leitungswasser auf 0,5 aufgespritzt haben. Fand ich auch extrem frech.*

Marcel H.: *Und wahrscheinlich darf man noch mal 50 Cent bezahlen, um das Wasser bei den sanitären Einrichtungen des Wirtshauses „wegzubringen" …*

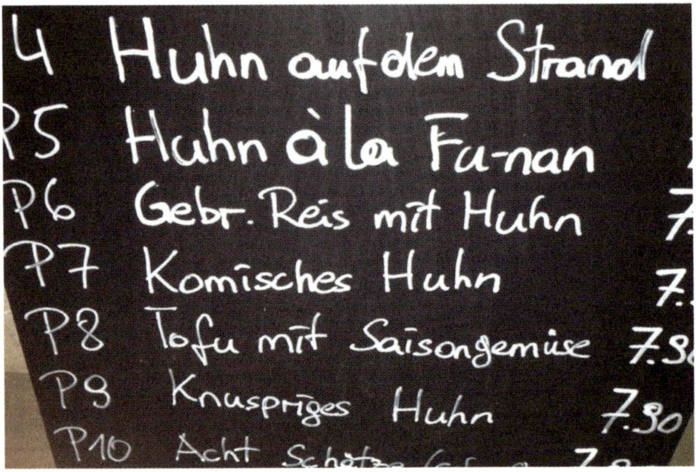

Ob das Huhn das auch komisch findet?

Man muss manchen Menschen eben extra deutlich sagen, was es gibt.

Kremsmünster ist ein Benediktinerstift …

www.zitat

David H.: *Gibt's auch „Eingrauchten Imam?"*

Suzan A.: *@David: nein, aber einen in Ohnmacht gefallenen Imam = „Imam bayıldı" = gefüllte Aubergine …*

Manfred D.: *die benediktiner können es einfach nicht lassen, auf den minoriten herumzureiten.*

Thomas B.: *@manfred: ui, das triggert einen gaaaaanz bösen film im kopf …*

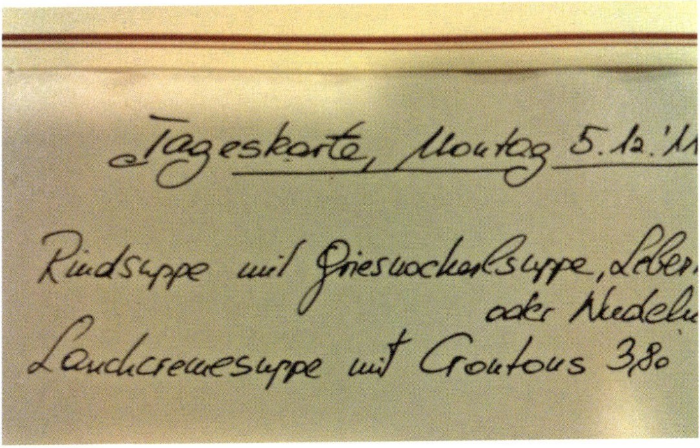

… und Suppe mit Suppe gilt in der Gegend um *Steyr* als Delikatesse.

Monty Python zum Reinbeißen. *(Stuben/Arlberg)*

www.zitat

Johanna H.: *Vom Holzgrill hätt ich ja besser gefunden ;-))*

Linda L.: *Wie primitiv. In der Haubengastronomie spricht man von Woody-Meat.*

Rose K.: *Sooo wenig ist ein Menschenleben derzeit also wert …*

Tanja N.: *für mich ohne beilagen bitte … gg*

Andreas W.: *Diesen Wirt sollte man glatt bei Amnesty International melden! ;-)*

Schnitzelvariation aus *Wien-Margareten*

www.zitat

Willie S.: *was es alles gibt … von der schreibweise einmal abgesehen.*

Barbara St.: *Für Menschen, die ein wenig mehr Energie brauchen. :)*

Florian H.: *guruguru, mit bär gefüllt.*

Willy Sch.: *oder boa mit hase.*

Barbara St.: *:) Das leckerste Rezept dieser Art ist in T. C. Boyles Wassermusik zu finden. Irgendwo auf den ersten Seiten: Gefülltes Kamel für 400 Personen.*

Christoph L.: *vielleicht wurde das schwein nicht ausgenommen und die leber is einfach noch drin? clever!!!*

Dieses Pissoir hat ein „Lek“. *(Wien-Penzing)*

www.zitat

Steffi T.: *hahahaha es tut so weh …*

Adam N.: *kroßartick!*

Paul C.: *Ich hoff, du hast dich vor lauter lachen ned angepinkelt ^^*

Andreas S.: *Einfach die Damentoilette benützen!!!*

Linda L.: *BAT?*

There S.: *Bislang hab ich das letzte Ergebnis der PISA-Studie bezweifelt … Jetzt nicht mehr …*

Peter P.: *Steht eh daneben, warum: Bad Teacher …*

Sandra B.: *wäääh!*

Wenn einer was zu verschenken hat, dann darf er es auch so verkünden, dass möglichst viele davon profitieren. *(am Flughafen von Antalya)*

www.zitat

Sandra H.: nutz es aus.

*Pia A.: *bruahahaa**

Michael F.: bei vielen eher umsonst – weil's sie nicht wissen wofür!!!

Wenn Essen Angst macht

www.zitat

Markus D.: *Aba geh, sooo schlimm sind Spinatlaibchen auch wieder net ;)*

Milena V.: *ist das aus dem herr-der-ringe-kochbuch?*

Leo N.: *schöner Bestellsatz: „… ich hätt gern den siebenhäutigen Blutniegel …" :-) :-)*

Linda L.: *Der Gastwirt war lebend ein Bosnigl.*

Rebecca F.: *Aaaaber billig!!! Vielleicht eine Lasagne-Variante?*

Immerhin kreativ

Manchmal macht mir der Deppenapostroph richtig Ang'st!

www.zitat

Paul F.: *wahrscheinlich ist der koch ebenso gebildet wie der grafiker und serviert die sachertorte mit knoblauchdressing und rinderhüftknorpelpüree.*

Matthias M.: *Das ist neben dem Merkur in Stadlau und das Allerbeste ist das Schild mit den „SCHPEZIALITÄTEN". Schaut mal genauer hin ;-)*

Heinz A.: *Da sieht ma' wieder, wie schnell man in Österreich (vor-)verurteilt wird … Wenn ich mir das genau anschau, dann wird das wohl mit Absicht so geschrieben worden sein … SCHmankerln, SCHluckerln – und halt auch SCHpezialitäten. Na und? So fällt ma' wenigstens auf. Und seit heute noch mehr Gratiswerbung.*

Matthias M.: *lenowatif.*

Walter H.: *Stadlau gehört überhaupt aus Wien raus.*

Matthias M.: *@Walter: Nau nau nau, jetzt krieg ma sich aber schnell wieder ein. ;-) Kränkt mich richtig, wenn du so „Anti-Vorstadt-Perle" bist …*

Pupille P.: *walter ghört aus wien raus*

Heinz A.: *Na ja – was soll's – ich will bei denen ja nicht rechtSCHreiben lernen, sondern a g'SCHeit's WürSCHt'l zum ess'n krieg'n – was ma' in SCHtadlau a net überall find'n tuat …*

Kai L.: *Schön (oder traurig?) zu sehen, dass diese sprachliche Unsitte nicht nur auf Deutschland beschränkt ist. Neben dem meist völlig sinnbefreit eingesetzten Bindestrich regt mich dieses verdammte Apostroph am meisten auf.*

Mallorca, Ballermann, Schinkenstraße. Saufen hier alle, weil es so schrecklich ist – oder ist es so schrecklich, weil hier alle saufen?

www.zitat

Selma M.: *Ich glaube, die „Happy Hour" (zumindest für die Kellner) ist immer die Zeit zwischen 13 und 14 Uhr, 16 und 18 Uhr, 19 und 20 Uhr …*

Nicht nur das Ticket, auch die Mienen der Hotelmitarbeiter in Palma waren kontinuierlich angespannt: Sogar wenn man alle Anweisungen befolgte, war es unmöglich, den Bon mit dem Code für den Internetzugang aus dem Automaten zu bekommen.

www.zitat

Hermann N.: *Equal goes it loose with the internet.*

Gabriele B.: *Da war ich schon! Das funktioniert nur auf Spanisch!*

Susanne R.: *???*

Gabriele B.: *Man kann am Anfang wählen, ob man deutsch, englisch, russisch oder spanisch spricht. Wenn man statt dem deutschen das spanische Menü aufruft, funktioniert es. Aber niemand weiß wieso.*

Hermann N.: *OMG, i break equal together.*

Unehrlichkeit kann man den Wirten am Ballermann nicht vorwerfen: Sie sagen ganz offen, wie hoch die Niveau-Latte liegt.

www.zitat

Sabine G.: Hölle Hölle Hölle Hölle!

Gernot P.: Dafür sind wir also aus den Höhlen gekrochen, haben Raumfahrt und Gehirnchirurgie entwickelt …

Manuel N.: Zivilisation wird ohnehin überbewertet.

„Achtung freilaufende Kellner"
(Lokal Neu Brasilien an der Alten Donau)

www.zitat

Michael S.: *schieß!*

Margit H.: *Gilt da der Vertrauensgrundsatz?*

Gerald B.: *Ich bin Kellner in der MaHü – so ein Schild wäre fein.*

Maria B.: *Wer beachtet schon eine Warntafel?*

René C.: *Gibt es Sonderpunkte?*

Martina Z.: *Aber nur, wenn er von rechts kommt, hat er Vorrang.*

Der Hahn, der kräht – und das Huhn, das läutet.
(Hotel Falkensteiner, Waltersdorf)

Wann die Qualitäts-Aktion endet, wollte der freundliche Mitarbeiter nicht verraten.

www.zitat

Martin G.: Cool! das heißt, ich kann auch einfach selber eine pizza machen und die dann abholen lassen?

Gemüse & Emotion

www.zitat

Heidi H.: so viel weisheit in einer frucht …

Elisa E.: ein paradoxon par excellence … die wörter „braun" und „hass" kommen oft zusammen vor … nur mit „reif" hat das nichts zu tun!!

Suzana M.: vorsicht! ich hatte gestern zwei davon, erwachte heute mit seitenscheitel und mein rechter arm zuckt ständig nach vorne …

Georg W.: braun = reif … (kommt sonst eher selten vor)

verkehr

„Die Gerade", sagte schon Friedensreich Hundertwasser, „ist gottlos."
(Krefeld)

In *Stockholm* warnt man Autofahrer gern und häufig davor, ihr Fahrzeug im Meer zu parken. Bestimmt nicht ohne Grund.

Nahe *Düsseldorf* lauern Springfluten mitunter im Gully und hinter dem Gartenzaun.

Hier wird abgeschleppt. So man den Wagen findet.
(Stuben/Vorarlberg)

Schneelagen in **Tirol**

	Tal	Berg	Talabfahrt	Lifte in Betrieb	Loipen
Achenkirch am Achensee	40 cm	90 cm	möglich	9 von 7	60 km
Berwang	100 cm	125 cm	möglich	12 von 14	12 km
Biberwier	65 cm	120 cm	möglich	3 von 6	12 km
Bichlbach	90 cm	125 cm	möglich	12 von 12	40 km
Brixen im Thale	40 cm	100 cm	möglich	88 von 90	15 km
Ehrwalder Alm	45 cm	100 cm	möglich	7 von 7	0 km
Ehrwald Zugspitze	45 cm	270 cm	nicht möglich	8 von 11	0 km
Ellmau	40 cm	100 cm	möglich	88 von 90	14 km
Fieberbrunn	80 cm	130 cm	möglich	11 von 11	27 km
Finkenberg	20 cm	65 cm	möglich	63 von 74	28 km
Galtür	90 cm	140 cm	möglich	8 von 9	26 km
Gerlos	60 cm	130 cm	möglich	48 von 50	12 km
Going am Wilden Kaiser	40 cm	100 cm	möglich	88 von 90	32 km
Hippach	20 cm	95 cm	möglich	53 von 53	3 km
Hopfgarten	40 cm	100 cm	möglich	88 von 87	9 km
Ischgl / Madlein	60 cm	150 cm	möglich	42 von 44	24 km
Itter	40 cm	100 cm	möglich	88 von 88	10 km
Jerzens / Hochzeiger	30 cm	100 cm	möglich	9 von 9	0 km
Jungholz	40 cm	70 cm	möglich	7 von 7	10 km
Kaunertaler Gletscher	193 cm	228 cm	möglich	8 von 8	15 km
Kelchsau	40 cm	100 cm	möglich	88 von 18	7 km
Kirchberg	40 cm	100 cm	möglich	140 von 142	40 km
Kitzbühel	40 cm	90 cm	möglich	54 von 52	46 km
Kössen / Schwendt	40 cm	110 cm	möglich	11 von 10	150 km
Kühtai	75 cm	90 cm	möglich	12 von 12	11 km

Hopfgarten ist gut. Kitzbühel ist besser –
aber *Kelchsau* ist unschlagbar.

Freiland- oder bloß Bodenhaltung?
(Klagenfurt)

Wo, wenn nicht hier?
(Wien, Westbahnhof)

Katzen sind und bleiben rätselhaft.

www.zitat

Chris E.: ROFL! Willkommen in Schilda!

Livia K.: ist doch ganz logisch: in pfeilrichtung keine durchfahrt! Oder? :-)

„Ride to Live – Live to Ride" war früher.
(Ebreichsdorf)

www.zitat

Bernhard P.: *Iowa-ostria has too a small streets for mei drive!*

Nikolaus M.: *stimmt. naja, sie schauen ja alle gleich aus …*

Eine interessante Art „umzubauen"
(Wien, Donauinsel)

Anonyme Drohung

Fördert es das Vertrauen in die anderen Verkehrsteilnehmer, wenn Grundregeln des Straßenverkehrs auf Schildern eigens betont werden müssen? Beziehungsweise: Wie schnell darf ich im Kreisverkehr fahren? *(Bad Hall)*

www.zitat

***Fred S.**: kreisverkehre sind die schwarzen löcher des straßennetzes, in denen sogar die gesetze der physik außer kraft geraten. hinweisschilder am ereignishorizont sind zwar gut gemeint, aber sinnlos, denn im kreisverkehr herrscht anbeginnliches chaos. yeahhh!*

***Florian H.**: vielleicht für benützer von elektrofahrrädern gedacht.*

***Gregor P.**: was die dort übrigens auch haben: ringförmige zebrastreifen.*

***Nadja B.**: Bad Hall ist keine Stadt. Da fängt es schon mal an …*

***Pia K.**: ich meine, was soll man von einer marktgemeinde halten, die in den 80er jahren hängengeblieben ist, wo alte menschen in grauem nebel kuren und wo ich als kind zum baden hingeschleppt worden bin? Da tickt einfach nicht alles ganz normal …*

***Sascha S.**: if everything else fails, just lower your expectations …*

Im „Erholungszentrum Weigelsdorf" sucht man lange nach den „dafür gekennz. Plätzen" – schon um zu sehen, was auf einem „dafür gekennz. Platz" dann genau erlaubt wäre. Freilich: vergebens!

„Wanderer, kommst du nach Sparta …“?
Nein: Radfahrer, kommst du nach Carnuntum …

In der St. Martins Lodge *(Burgenland)* ist es Fußgängern untersagt, sich den Schranken des Parkplatzes auf den Schädel knallen zu lassen. Das hat bestimmt einen Grund.

Auch als Wiener kann man von seinem Handy-Navi immer noch etwas Neues lernen …

www.zitat

André M.: *Ja, ich wusste auch nicht, dass es in Wien einen Ort namens Meidling gibt …*

Ein Ausblick, für den sich die Anreise lohnt

www.zitat

Shauna N.: *har har*

Alfred St.: *Ich als Wildschwein finde, das sind großartige Aussichten.*

Franz J.: *sankt raden liegt bestimmt in der nähe von stanton.*

tiere

Nager-Parkplatz
(Tallinn/Estland)

www.zitat

Fabian B.: *Was bedeutet das Schild eigentlich?*

Johanna H.: *Ist doch klar: Parkplatz für Hansis*

Wer einen Hund betritt, tut dies meist auf eigenes Risiko.

Eichhörnchenfeindliches *Turku (Finnland)*

www.zitat

Basty P.: *das sollte ich vor meine tür hängen^^*

Johanna H.: *Na geh! Wie gemein! Die armen Hansis müssen hungern.*

Christoph L.: *aber hauptsache, die depperten flugratten werden von den Omis gfüttert …*

Als der Pfarrer bei der Sonntagsmesse sagte, man solle seinem Nachbarn ein Zeichen des Friedens geben, rechnete Herr Maier eigentlich höchstens mit einem Händedruck des mit ihm seit Langem zerstrittenen Ehepaares Gruber …

www.zitat

Julia A.: *Ein Vergebungshund! Quasi das Gegenteil vom abgetrennten Pferdekopf.*

Michael D.: *ob das hund genug für eine versöhnung ist? ;-)*

Brigitte B.: *vergeblich auf den hund gekommen.*

Julya R.: *Besser als ein Typ zum Vergessen.*

Bernhard H.: *„… und es vergab sich …" (definitely entzucking!)*

Marcus H.: *Der Wuffi heißt sicher „Ablass"*

Werner K.: *Sicher? Nicht „Abbitte"?*

Werner W.: *Ich dachte eher an so was wie „Handshake"; nichts Ordinäres übrigens :-)*

Marcus H.: *@Werner: Hundshake in dem Fall :-)*

In *Denver (Colorado)* hat alles seine Ordnung.

Was noch zu erörtern wäre: Gilt die „Hundekotaufnahmepflicht“ für a) Hunde, b) Hundebesitzer oder c) jeden Passanten? Ist die Hundekotaufnahmepflicht händisch zu erfüllen – oder genügt auch die Schuhsohle?
(Dölsach/Osttirol)

In *Stuben (Vorarlberg)* hört man wohl auch Snop Doogie Doog.

Die vielen Preise und Siegerplaketten an der Stallwand des Schafzüchters aus *Pfunds (Tirol)* erklären sich eigentlich selbst. Bei genauerem Hinsehen geben manche dann aber doch Rätsel auf.

www.zitat

Martin B.: sollte dem echten sieger was zustoßen …

Gerlinde G.: … braucht der dann nachfolgende „reservesieger" wohl ein gutes alibi

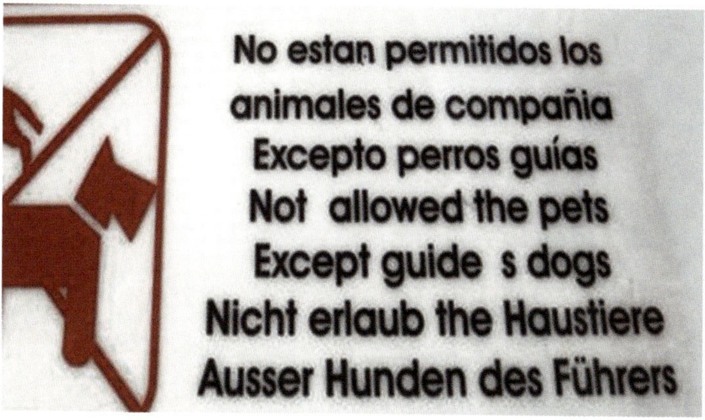
No estan permitidos los
animales de compañia
Excepto perros guías
Not allowed the pets
Except guide s dogs
Nicht erlaub the Haustiere
Ausser Hunden des Führers

Ohne Worte

Ich war es zwar nicht – aber nett find ich es trotzdem. :-)
(Prater)

Danke

Dank dafür, dass diese Sammlung zustande kommen konnte, gebührt in erster Linie natürlich all jenen, die – unwissentlich – das Material dafür geliefert haben. Und weiter liefern.

Und allen, die mich mit ihrem Senf (und ihren Kommentaren) bestärkten, die Augen für Nebensächlichkeiten offen zu halten.

Besonderer Dank steht aber auch all jenen zu, die mir für dieses Buch ihre eigenen Fundstücke zur Verfügung stellten oder mich auf Klein- und Großode hinwiesen. Neben all jenen, die nicht genannt werden wollen/dürfen (oder die ich unhöflicherweise gerade vergesse), sind das: Daniel Rottenberg, TG, Tante Gusti, Andrea Starl, Marcus Hantschel, Richard Bayerl, Jakub Schulz, Mariella Stumpf, Marina Isabella, Livia Klingl und die wundervollen Menschen von der WDW Film, ohne die ich nicht einmal in die Nähe der meisten Nicht-Wiener Schilder gekommen wäre.

„Mitschuldig" an diesem Buch sind die (geduldigen) Buchmacherinnen des echomedia buchverlags: Ilse Helmreich, Brigitte Lang und Elisabeth Waidhofer. Thänx!

Thomas Rottenberg

Thomas Rottenberg

geboren 1969, lebt in Wien und arbeitet fast überall.
Er moderiert bei ServusTV die reisende Büchersendung „LiteraTOUR“, ist Kolumnist (u. a. im VORmagazin und auf derstandard.at), Journalist (u. a. DATUM, Der Standard) und mehrfacher Buchautor.